LA CHIMERA VERGINE

di
TREVOR P. KWAIN

Pubblicato da Threepeppers Publishing

ISBN: 978-0-9574113-2-6

In copertina:
La Chimera. Piatto in ceramica rossa, ca. 350-340 a.C.
Foto © Lampas-Gruppe

www.3peppers.co.uk

www.trevorpkwain.org

A Nietzsche, (T.S. Eliot) e ai surrealisti

"L'anima mia è serena e luminosa quale montagna al mattino. Ma essi pensano che io sia freddo e un buffone dalle burle atroci"

Friedrich Nietzsche

Preludio

Inizia la danza sull'altopiano arso e brullo. Dietro arbusti e rovi cammina il Gatto Selvatico. Non invocherà il nome della Chimera. A voi non è permesso sentirlo echeggiare per le valli, per i burroni, per le case silenziose, sotto il sole caldo e opprimente.

Non soffia il vento, le fiamme non si spengono, l'eco non ritorna sui suoi passi. Le pietre della Luna sono cadute nei fiumi di rugiada. Brilla, brilla lì nell'oscurità. Non ti spaventare se domani vedrai la tua ombra sorgere a oriente.

Il Gatto Selvatico si è mosso furtivo. Un sibilo, un ringhio. La bestia si nasconde docile nella propria tana. Il Villaggio degli Uomini è lontano, ma si odono i tamburi, le grida di preghiera, e i piedi che battono il terreno al suono della danza in onore della Chimera.

Ho visto gente tornare sui sentieri primordiali. Ho visto il profeta percuotersi con insistenza. Ho visto le mie mani spargere sangue e spargere il proprio. Il rosso invade i miei pensieri. I colori dell'arcobaleno non sono mai stati così belli. Meglio del paesaggio arido e sterile che davanti ai miei occhi si estende all'orizzonte e sfuma come un miraggio nel deserto.

E volge il tempo verso sera. I preparativi sono stati fatti. Il sole è sceso verso il suo letto. La frescura si accinge ad accarezzare i nostri volti stanchi, affaticati, grondanti di sudore. La Chimera è sugli altipiani ad aspettare gli Uomini che timorosi salgono le pendici del promontorio. La sabbia sprofonda sotto il peso dei loro piedi nudi. Io, voi, attendiamo con impazienza l'inizio della danza sull'altopiano arso e brullo.

Liturgia

Canta, o Divina, l'avvento delle stelle e dei pianeti. La sfera infuocata del Nostro Padre ha accecato i suoi Figli e li ha ridotti come la cenere di un fuoco spento. Ho visto i cavalli nitrire e galoppare nei campi. Ho visto gli edifici crollati ricomporsi. Ma tu continui a dire che io sono cieco.

La strada è lunga e tortuosa. Il rombo delle macchine ci ricorda la pianura, quella terra piatta là in basso che dimentica il passato e ricorda il futuro. Poi un tremolio arresta ogni brusco movimento e assisto immobile al panorama irreversibile. Non ho orologio, ma vedo gli Uomini che brandiscono le lancette come se fossero spade.

Un tempo la statua splendeva. Ora l'edera ricopre il suo viso scarno. E gli Uomini continuano a percorrere il sentiero sul promontorio. Persuasorio è il canto della Chimera. Persuasoria è la musica che sulle mie orecchie si posa, come un pettirosso in autunno sui tetti rossi, sulle tegole smorte, prive del calore che le ha sfornate.

Su un'isola gli artigiani fabbricano brocche di vetro. Su una montagna statue d'oro sono ghirlandate di fiori. E gli alberi si incurvano come se si stessero inchinando, finché non cadono a terra per mano del boscaiolo. E piano piano, ramo dopo ramo, tronco dopo tronco, radice dopo radice, il verde scompare per dare posto al giallo. Distese di giallo, macchiate di nero qua e là come la pelle di una giraffa. Qui gli Uomini percorrono il loro calvario, espiano le loro colpe, tormentati dalle zanzare, dall'afa e dal meriggio interminabile che addormenta le loro menti.

I palazzi alti sono ormai immagini sbiadite all'orizzonte. Adesso la tana della fiera regna tra le impalcature di cemento mezze sgretolate. E i topi si ammassano lungo le rive di fiumi essiccati, tra rottami arrugginiti. Ma sul promontorio c'è ancora qualche arbusto e per gli Uomini è l'unico posto immacolato.

La Confessione dello Stolto

La camera ardente. La camera del penitente. Il riflesso di luce nella casa abbandonata. Granelli di polvere e odore di chiuso. Camminare sulle piastrelle gialle e blu dove crescono cipressi e pini silvestri. Cade pioggia sulle foglie, cade pioggia sul pavimento. Non piangere sul latte versato. Hai commesso uno sbaglio. Errare è umano, lo sapevi questo? Eppure non basta ad evitare la pena. La cella ardente. La cella del penitente.

Vedo le stelle attraverso le sbarre. Odo le grida di bambini nel parco. Odo le grida di uomini torturati. Odo il silenzio di un vecchio che spira. Per sempre. La branda su cui tu dormi è fredda. La tavola è imbandita. I bicchieri tintinnano. Le fogne gorgogliano. E intanto i bambini nel parco hanno bevuto litri di whisky, mentre gli uomini torturati ridono e scherzano con il secondino.

"Hai da accendere, infame?" chiede il prigioniero. "Certo, amico" risponde l'altro "Ti regalo un pacchetto di fiammiferi non appena avrai la testa sgozzata". "Carino da parte tua. Hai un ultimo desiderio?" "Sì. Dì a mia moglie di non portare al mare i bambini quest'anno". E così passano le giornate nel carcere angusto, dove l'uomo che ti cerca è sempre quello che non trovi mai.

Il gufo è appollaiato su un lampione. Il cacciatore scocca una freccia. La foresta che immagino vive e cresce con me nella cella. Fuori c'è il mare disabitato, spazioso. La claustrofobia è un gioco della mente. Morire soffocato non lo è. E questo fa arrabbiare i giudici e la giuria stessa che non trova movente e che non è mai cercata da nessuno.

Non mangio. Vedo la tavola imbandita, le zuppiere grondanti di brodo, i piatti traboccanti di pietanze succulenti. Non ho fame. Pane e acqua mi soddisfano. Il mio compagno di cella è morto. Si è abbuffato e il cibo gli è andato di traverso. I parenti l'hanno lasciato qui a marcire. Da cinque giorni il cattivo odore insudicia le pareti. Il mio naso è impazzito, ha perso il senso dell'olfatto, ed è facile affondare i denti nella carne putrida piuttosto che nella braciola di maiale.

Una mattina. Una campanella. La messa non è
cominciata. Gli avvocati hanno appena fatto la
comunione. La tavola imbandita attende l'arrivo degli
ospiti. Tutto è pronto nel palazzo grigio in fondo alla
strada. La campanella non suona più. C'è stato un
incidente davanti all'entrata e la calma regna sovrana.

Dietro gli sguardi scorgo le facce di uomini che hanno
vissuto l'apparenza di un vivere vissuto. Il corridoio è
lungo e l'uomo della legge è contrario a farmi continuare.
Il suo lungo braccio mi blocca il passaggio. Il cameriere
mi invita a raggiungerlo. Non ho fame. Non ho sete.
Accetto lo stesso e il sole si infiamma.
I quadri appesi precipitano all'improvviso, e anche le
tazze, gli asini, le carrozze ottocentesche, i pianoforti, i
paracaduti e le storie di un tempo natio morto da secoli. Il
chiodo non regge in eterno. La pazienza è la virtù dei
forti. Prendi martello e scalpello e gioca a polo con il
maniscalco. Solo così apprenderai l'arte del giardiniere.
Gli altri ti seguiranno e voi starete a guardare.

Guarda. Non ci sono. "Dove sei?". Nessuna risposta.
"Rispondi!"
L'esclamazione si perde nella domanda. Non si può
rispondere dal momento che ho annullato tutto. In
principio.

Il mio principio è quello di uscire dal palazzo grigio. La memoria gioca brutti scherzi. E la stessa cosa vale per la giraffa in fiamme che corre per le strade deserte e scompare nella nebbia.
"Non è questo quello che volevi?"
"Io dovevo portare i bambini al mare"
"I bambini sono morti, troppo alcool nelle vene"
"Hai ragione. Non ho sete"

Il clangore della cella è un suono armonioso. Melodia equestre di altri tempi. Dammi un manganello o deruba il tuo migliore amico e godrai di ottimi privilegi. Non credere alle promesse del monaco. Non consigliare buone azioni al parente. Le caramelle dello sconosciuto sono più buone.

Aaaaaaah!
Non ne posso più.
Rifiuta. Rinnega. Gettami nel fango e non saprò più alzarmi. La stanza del vescovo è dietro l'angolo. Vedo il parco, vedo il mare, vedo la foresta, vedo il palazzo grigio, vedo la strada insanguinata, ma la mia cella non ha finestre. C'è il riflesso di luce, ma la mia cella non ha finestre.

Scambio di Pace

Dammi la mano e ti farò volare. Dammi la mano e ti farò
cadere nel pozzo. Un pozzo senza fondo, come la mia
gola asciutta che grida parole mute, come il predicatore
che dall'alto del suo pulpito esorta fedeli inesistenti.
La macchina senza freni ci guida sui sentieri tortuosi.

La giuria ha emesso il suo verdetto. Sono un colpevole
innocente, mentre l'innocente colpevole è finito in pasto
ai leoni. L'arena ha aperto i giochi, Oreste, ma io sono
fuori con un ramo d'ulivo a respirare.
Di nuovo.

Stretta di mano. Scambio di informazioni. Favori in
cambio di favori, e intanto ridi alle mie spalle con un
coltello sporco di sangue. Un fiore nel mitra. O Angelica,
cesserà mai il nostro attrito?
"No!"
"Come fai ad essere così cattiva?"
"Non mi hai dato ciò che volevo"
Gola, Avarizia, l'Invidia assale i tuoi figli.
Lasciali in preda all'Ira più funesta!

Sanscrito. Parole magiche su pagine d'Oriente. La merce
è arrivata a destinazione. Il mercante la venderà al miglior
offerente. Il baratto è la sua linfa vitale. Gemme e zaffiri
luccicano, ma solo la pirite riempie le tasche dello stolto.

Lo scambio è avvenuto. Lettere e numeri sono stati
trascritti. I conti non tornano. Il mercante sfamerà i suoi
figli. La moglie scapperà con l'amante e giocherà
d'azzardo. E' più facile rubare che guadagnare. E io li
vedo da lontano, fuori dalla città dolente, e reggo in mano
un ramo d'ulivo.

Il Cammino dell'Istrione

Non camminare sulle pietre galleggianti. Il giovane che affoga lascialo affogare. L'acqua lo benedice in tutta la sua purezza. Fermati a parlare e il corvo dalle piume violacee prenderà il volo verso le nuvole dorate. Hai iniziato la sua marcia, ma devi già tornare indietro sui tuoi passi.

Un uomo mi chiese elemosina. Una donna ti ha chiesto aiuto. Un vecchio vi ha chiesto l'ora. Noi rispondiamo con la volontà d'essere, ben lontana da quello che siamo e da quello che potremmo avere. La Fortuna non bacia chi la lusinga, non punisce chi la disprezza. Il vento la spinge oltre le montagne e il più ardito la raggiunge.

Il sandalo profuma. Il mio sandalo è sporco di fango e polvere. Le spine penetrano nelle carni. Le rose sbocciano e declinano il tuo nome, o Chimera, che esisti dentro di loro e rimani pur sempre una leggenda.

Cavalieri, miei prodi, seguitemi lungo la strada deserta. Il ristoro è per i deboli, il riposo per gli addormentati. La forza non richiede sforzo, perché il vostro spirito guarda in alto, molto in alto.

Non chiederci la parola. Che squadri da ogni lato l'animo
nostro informe, e a lettere di fuoco lo dichiari e risplenda
come un croco perduto in mezzo a un polveroso prato.
L'unica pianta.
L'unica.
Verde che si snoda in un paesaggio ingrigito dal colore
livido della seppia.

Ossa di morti indicano brandelli di carne. Il morto è
vittorioso, ma giace ignoto sotto il peso del marmo e
invoca la Chimera di liberarlo. Invano.

Catene di prigionieri tintinnano come campanelle. La
ballata dell'impiccato gli ispira fiducia e innalzano il loro
lamento alla Chimera. Invano.

La terra trema, da nuda e fredda si riscalda, ribolle e
scatena la sua ira funesta. Corri al riparo e verrai
schiacciato da colate di lava e vomito. Resta fermo e il
garzoncello ti pagherà un oncia d'oro più del dovuto.

Verde e rosso sono i suoi occhi. Quelli grigi scorgono il
martello del muratore. Barchetta di carta affonda sotto il
peso del piombo.
Piango e annego nelle mie stesse lacrime.
Navi di ferro volano come asini.

Lo scienziato mi grida un'equazione e io non dico altro che 'grazie'.

Se poi dovessi perdermi, lanciami una palla di neve. Ce ne sarà un po' di meno sul tuo viottolo e un po' di più sulla mia testa calda. Mi scioglierò come gelatina al sole e germoglierò sotto forma di edera. Scalerò la torre e spodesterò lo scienziato.
La Chimera avrà visto il mio gesto, ma non mi avrà degnato di uno sguardo.

Sento nostalgia di casa, della torta della nonna, della carta ruvida, della foresta, della mia dannata perversione, del vedere all'incontrario, del parroco, del Diavolo, dello scaffale in legno. Un elenco telefonico mi suggerisce e i miei ricordi non sono altro che numeri al lotto.
"Ho vinto!"
"Ho perso!"
"Ho lasciato il vino al fresco!"
"Passami l'insalata, brutta sgualdrina!"
La parola perde concetto e Concetta perde tutto il suo splendore.

Eretica!
Figlia del Demone. L'uomo ti schernisce e la donna ti sputa in faccia. Io non ti darò la mano, ma solo i miei vestiti. Passare attraverso i rovi è come una passeggiata in campagna:
Io non mi farò nulla e tu dovrai sopportare.

La giraffa brucia ininterrottamente nella savana. Un palo
della luce si erge accanto ad essa ed illumina il suo volto
estraniato.
Zebra canterina, che fine hai fatto?
La striscia non mi guida e mi da un senso di lentezza. La
terra è piena di scarafaggi e materassi. Pozzanghere di
rugiada assistono all'alba, pozzanghere in cui balena
l'arcobaleno. In fondo troverai la pentola d'oro, ma i grilli
mi esortano a continuare verso la catena montuosa che,
circondata da hotel e alpinisti, racchiude il suo spirito
selvatico.

Il Monte dell'Addio

Il pastore divora il serpente. Nessuno mi ha sentito arrivare. Voi fate troppo rumore e le cicale si spaventano. La Chimera saprà punirvi a dovere. Farà cadere massi, massi, massi, e attraverso la pioggia di stalattiti vedrò per l'ultima volta il mondo come Babbo Natale l'ha fatto.

Lividi su storie ancestrali. Disegni rupestri di rimembranze sognate. Fotogrammi dipinti di sogni ricordati. Silvia. Salvia. Sono seguito dal Salvatore. Dì pure al tuo pescivendolo di credere nelle lische e nei petti viscidi di chi non sa nuotare.

Allontanati dal costone di roccia. Lascia un abisso e saluta agitando il fazzoletto. Io potrei essere al tuo posto con uno scudo in mano, ma in realtà sono qui con fogli sotto braccio e penne dietro le orecchie. Gli occhiali si appannano. Il cielo si rannuvola e piovono coriandoli di giorni felici. Pensi che sia la mia tristezza a generare macabri grigiori...e invece sei tu che ridi coi denti cariati a tormentare i miei occhi infuocati, le statue greche, la mia anima fatta di ozono e diossina.

Riflessi violacei sulla superficie di un mare cordaceo. Neo. Oen. Nuovo danno alla copertura di gomma del mio salvagente. Il mio naso annega sotto le gocce pesanti. Il costone è fango ormai e scende lutulento, tra due piedi, tra Colosso in lacrime, tra Colosso in fiamme. Più commercio, meno nebbia. L'aria condensata persiste e volgo le spalle al mare capovolto e ai suoi strati litosferici.

Caverne di bestie feroci e docili agnellini che giocano a carte. Cappuccetto rosso giace nel sangue e l'assassino di mio fratello canta per tre volte l'inno del gallo. Ho tradito i miei compagni, ho giurato fede alla Chimera. Non avevo da accendere, eppure il terzino me l'aveva detto. Così come mi aveva offerto ala e petto di pollo. Io non ho baciato l'osso del desiderio, solo un graffio più cupo nelle carni di una iena. Iena che aveva riso ed era stata seppellita.

Antiche miniere e giacimenti d'oro. Cuore nero, matador, amante dei pini freschi e cupi. Vacanze romane lontane, dietro strade investite, dove codardi spergiurano il detto di chi mente.

Sette soli, sette dragoni, sette volte sette che mi pento di non aver dato otto frasi all'uomo monosillabico. Domani. Ah, domani! Il giorno di ieri a quest'ora totalmente diverso.

"Perché farfugli strane idee?"
Il pastore ha divorato il serpente in un sol boccone. Gesto
semplice, gustoso, raccapricciante. In eterno ritorno si
beve il cervello e cresce forte e sano.
"La mia strada volge verso l'alto"
Rispondo schietto e sincero. Chiaramente non prendo
liquori che diano alla mia testa la forma di Saturno e la
temperatura di Giove.
"Tutte le strade portano a Roma, tutte le strade portano al
mare. Andare in alto è come andare in basso. E' come
prendere le scale"
Annuisco, salto, batto un piede e batto l'altro. Derido me
stesso, mi prendo gioco di me.
Ho preso troppo e ho dato poco.
Torture e premi, caro Pisone, hanno ugual e diverso
valore. La pioggia scende vorticosa, l'impermeabile si
macchia di sangue, numeri scivolano su tappeti algebrici.
Mi ricordano il fruscio della carta, il Sibilo della Chimera.

Una salita naturale percorre le vie acquatiche. Dal Foro
Romano ad Ostia i ruderi di chi erra ed è in errore
finiscono nel fango. Io sono ancora vivo e nell'aria
rarefatta respiro un'aria di Beethoven. Denti musicali si
allungano per la fame e un commediante dal picco della
montagna accanto grida a squarciagola il giuramento dei
poeti e dei pugili. Corone d'alloro mi attendono oltre la
grotta fredda e buia. Un bagliore. Un'astronave. Un uomo
rapito dal tempo che fu nella galassia finita e illimitata.
Mi volgo a mezzogiorno, Orologio Squinternato, saluto le
tue lancette, i tuoi soldatucci da quattro soldi, saluto le
armate, le sedie, i picnic della Belle Epoque e tutti i
maestri di statue bronzee.

Addio, amanda. Arrivederci. Urgemeinschaft.
La mia mente mi abbaglia.
Ricerca ciò che è perduto. Un baffo. Una bicicletta.
Suoni destati dalla partenza o dall'arrivo del padrone.

L'Annuncio

Udite Udite!
Vento ispra sul caminco verso d'espera grazia fraelta.
L'imbrunire veglia su magre vacche da sacrificare a nome
del buon burro yes contadino buon vino dal banjo filtri
vitrei occhi zimbello yes
cuore corda viola pasticcini casseruola libro perduto
ritrovato un paradiso yes

...capito?...
...riverrun un granché di bacio nocciolato leggero su un
baiocco pubblicizzato seicentescamente a sei marce
marsh...
...caledonia patatina pop-rock caverna mineralo-
scientifico sulla vigilante zampa settanta elefanti...
...capito?...

Udite Udite!
Virgola mancante di umano scherno se il calcio nitrante
mi ha lasciato senza dentiera è solo perché ho punti, croci,
albatross e pinguini. Segui la carrozza cremosa e un dì la
mozzarella accesa si squaglierà come niente

...interpretato?...
...un prete e capponi di quaglie verniciate colorate dipinte
Manet impressione sanguinolenta e il vecchio si defila su
linee abbastanza rette...
...basta non ascoltare non giocare un mese un anno un
impegno un ira sine studio un un un Unno con Ddue treni
duodenaici ah ah...
...interpretato?...

Udite Udite!
E' passato troppo tempo da quando la mia lingua si è
lasciata disincantare e il gusto razionale del cervello ha
permesso carneficine di serpente e lauti pasti al pastore.
Rimembro!

La risata funesta di uno scampanellio a dir poco definito,
preciso, scandente, logismatico far nulla in veneree
giornate d'Aprile. Tutti sono stati sepolti. La terra
desolata da vita alla nostra adorabile Chimera.
Rimembro!
Rimembroooo...
Rimembro!
Rimembro di essere stato già qui e di non aver detto nulla.
O forse non sono stato qui e ho detto cose troppo volte
ripetute, sentite, capite, interpretate, rigirate, rivolte,
maniche di cappotti che hanno fatto la storia della caccia.

Su su su, tre volte sopra coloro che per tre volte sono
caduti in basso.
Il Canto della Chimera farà il suo effetto!

Il Canto della Chimera Vergine

Chimera Vergine
Nella brumosa valle di Acitrezza
Il canto dell'usignolo
Temendo i Greci si spezza.

Bacco ha riempito il boccale
Dioniso la selva con donne
Vedi forse un uomo sano
A parte la mente fedele di Aronne?

fujedciiiskftrunhauindmnaoujnwirffffiowwf3549

Fremono l'onde
Del ligure mare
Si prende a cantare
Cantare!

Giorno dopo giorno
Su alture arse e brulle
Il mio spirto s'angoscia
E respira colpe nulle.

pi+mvoltemnojn59ewsc90mamgr49datre

Vedi forse aquile librarsi?
Vedi forse cieli limpidi e tersi?
La realtà è ben più amara
La verità è lontana dal ricredersi.

Quantunque tu voglia
Non mi sentirai gridare
Perché lamenti e singhiozzi
Non sanno cosa vuol dir parlare.

*perchenonriewscosfiorequiellòocjhever,mamnrepenaso

E in un fievole luccichio
Balena la mia esistenza
E con essa i suoi giochi
I suoi inganni di parvenza.

Immorale è chi non vede l'abisso
Tra la vita e la morte
Tra amore e perversione
Chi non ha le braccia contorte.

*èunimotrndxachrenonriescoasopportamreajjjj

Un lampo del mio cerebro
Su un pensiero di Armagnac
Vetri e spigoli del dì funesto
Si sperdono sul pont du lac.

Non siamo più congiunti
Parole singole e perdute
In pagine di vocabolario
In mondi di distanti vedute.

*dolreocinmoreasncivileemrfliqltreieisonondellamiasodd
ewrwn<z

Pausa verrà
D'istinti forensi
Su grammaticali questioni
D'un tempo senza fiori.

L'immorale non rima
Il secondino non piange
Il mercante si dimena
Il pastore non cange
E così l'Istrione giunge ai miei piedi
Chiedendo perdono
E riceve solo sichelidi.

Progenìa dannata
Vino antico
Pianto fugace
Uomo serpìco

Questa è la tua cive dolente
Questo è il tuo vizio latente
Non cercar speranza
Sei già entrato
E non sei più uscito.

*secpaisciquewllochehnoscirttiitoiringfreazio

Perché

Non c'è un senso, non c'è una direzione. Transumanza.
Esistere significa scegliere, vivere significa dormire.
Valori. Non c'è un senso, non c'è una direzione.

"Perché hai ucciso? Per denaro? Per amore? Per vendetta?
Per ideologia? Per l'odore salino del mare? Per il
barocco? Per dame e cavalieri? Per te stesso?..."
"No, ho ucciso e basta. Ho tolto la vita ad un essere
umano. Ho infilato il coltello nelle sue carni e l'ho subito
estratto"

"Perché hai scritto? Per fama? Per gelosia? Per rancore?
Per la filosofia? Per il gusto agro del limone? Per centri
urbani troppo affollati? Per letture facili? Per idiozia?..."
"No, ho scritto e basta. Ho preso la penna e ho mosso su e
giù la mano fino a formare linee, lettere, parole, frasi,
discorsi.

Ho fatto trasparire sulla carta il flusso creativo di
immagini e voi leggete la mia e la nostra mente.
Nessuno può dire il perché, e se lo dice, non fa altro che
negare e soffocare se stesso. E così tutti si nascondono
dietro opinioni e smettono di sognare nel mutismo più
completo.

Primavera 2000